AF359967

THÉORIE

DU JEU DE WHIST

A L'USAGE DES DAMES.

Fragments

PAR M. J.... R...

A Madame

HOMMAGE RESPECTUEUX

DE L'AUTEUR.

1.

Pour activer du temps la marche monotone,

Dans un été brûlant ou dans un froid automne,

Rien n'égale le Whist et ses combinaisons,

Aux deux sexes il plaît dans toutes les saisons.

L'homme révèle au Whist, ses goûts, son caractère,

Son humeur, son esprit. Chagrin, joyeux, austère,

Quel qu'il soit, le joueur, malgré lui, laisse voir

Son humaine doublure ainsi qu'en un miroir.

Aux charmes de ce jeu qu'illustra Deschapelle,

Plus d'une jeune femme ose rester rebelle,

Et vainement demande au fiévreux lansquenet,

Un plaisir qu'on redoute alors qu'on le connaît.

Si vous y consentez, Madame, votre maître,

Esclave du devoir, va vous faire connaître,

Du noble jeu de Whist, et le fort et le fin :

Vous instruire et vous plaire est son unique fin.

Par un pouce mignon doucement comprimées,
Dans une blanche main vos cartes arrimées,
En forme d'éventail, dressent de toutes parts,
Sous vos doigts effilés leurs gracieux remparts.

VI.

Dans un ordre parfait qu'elles restent rangées,
Offrant à l'œil charmé trois ou quatre rangées
De valeureux soldats comptés avec grand soin :
Du plus jeune d'entre eux on peut avoir besoin.

VII.

Napoléon-le-Grand, si j'en crois maintç histoire,
De chaque vieux grognard notait dans sa mémoire
Le nom et les exploits; de même un bon joueur,
Depuis l'as jusqu'au deux retient chaque couleur.

VIII.

Dressez rapidement un plan d'attaque habile,

Aux changements soudains si votre jeu fertile

Est toujours préparé, sans tomber dans l'excès,

Vainqueur, vous marcherez de succès en succès.

IX.

Malgré tous vos efforts s'il faut que la bataille

Commence promptement, marchez, vaille que vaille ;

Parfois un beau désordre est un effet de l'art :

La défense d'abord, la parade plus tard.

X.

Une invite toujours doit être franche et claire :

Par une carte basse à votre partenaire

Indiquez votre force, et, quand viendra son tour,

Il vous invitera sans crainte et sans détour.

XI.

(Séquence).

Fournissez ou prenez toujours de la plus basse,

Ce point est important, quoi que dise ou que fasse

Le vulgaire joueur dont l'instinct machinal

Ne s'éleva jamais au-dessus du banal.

XII.

Par contre, en attaquant; jouez de la plus haute,

Agir différemment est une lourde faute

Commise fréquemment par des esprits obtus,

Qui s'étonnent après d'être toujours battus.

XIII.

Cachez votre faiblesse et montrez votre force.

Sans quoi vous seriez prise à votre propre amorce

L'ennemi défiant, donnant de ses atouts,

Vous ferait promptement expirer sous ses coups

XIV.

Un roi — votre allié — ne doit sur son passage
Rencontrer nul obstacle : il est prudent et sage
De ne le point couper ; et, s'il échoue au port,
Sa veuve et ses enfants auront un meilleur sort.

XV.

La septième levée est une forteresse

D'où l'on peut défier le feu de l'ennemi.

Il faut s'en emparer par force ou par adresse.

Et pour y parvenir ne rien faire à demi.

XVI.

Une arme à deux tranchants est souvent dangereuse.

Avez-vous du sang-froid? êtes-vous courageuse?

Si l'impasse vous plaît, risquez-la hardiment,

Mais toujours à propos — jamais étourdiment.

XVII.

Riche en couleurs, Madame, il vous faut au plus vite
Des atouts menaçants débarrasser le jeu,
Et jusques au dernier les relancer au gite :
On doit, en pareil cas, faire la part du feu.

XVIII.

En second, fournissez la plus petite carte,

Comptez sur votre ami; plus d'un joueur s'écarte

Volontiers, je le sais, de ce principe sûr,

Qu'arrive-t-il alors? le jeu devient obscur.

XIX.

À couper si l'ami nettement se refuse,

C'est qu'il demande atout ; vous seriez sans excuse

Si vous méconnaissiez le sens de cet appel,

Et n'exécutiez point un ordre aussi formel.

Par mégarde avez-vous commis une renonce?

Tenez-la bien secrète, une verte semonce

Viendrait récompenser votre sincérité,

Et vous seriez punie avec sévérité.

XXI.

Ne jouez point hors tour, sinon la pénitence
Suivrait de près l'erreur. Sévissant d'importance,
L'ennemi peu galant, et c'est là qu'est le pis,
Pourrait vous étaler gaîment sur le tapis.

XXII.

Sur une invite amie avez-vous fait la dame,
Ou son royal époux? gardez-vous bien, Madame,
De rendre la couleur; votre allié, surpris,
Verrait son autre honneur par l'as à coup sûr pris.

XXIII.

Jusqu'au dernier moment, chaque carte maîtresse

Doit vous être connue ainsi que son adresse.

Disparaît-elle enfin? qui lui succèdera?

Aidez votre mémoire, elle vous aidera.

XXIV.

A défaut de couleurs, le valet et la dame,

Seuls ou même seconds, valent mieux comme entame

Qu'une invite douteuse. Un glorieux trépas

Souvent pour un parti fait plus que mille bras.

XXV.

Mon Pégase aux abois ne bat plus que d'une aile.
Et je l'excite en vain. Au devoir infidèle.
Rétif il m'abandonne au milieu du trajet...
Je reprendrai plus tard ma route et mon sujet.

PARIS, TYP. JULES JUTEAU ET Cⁱᵉ